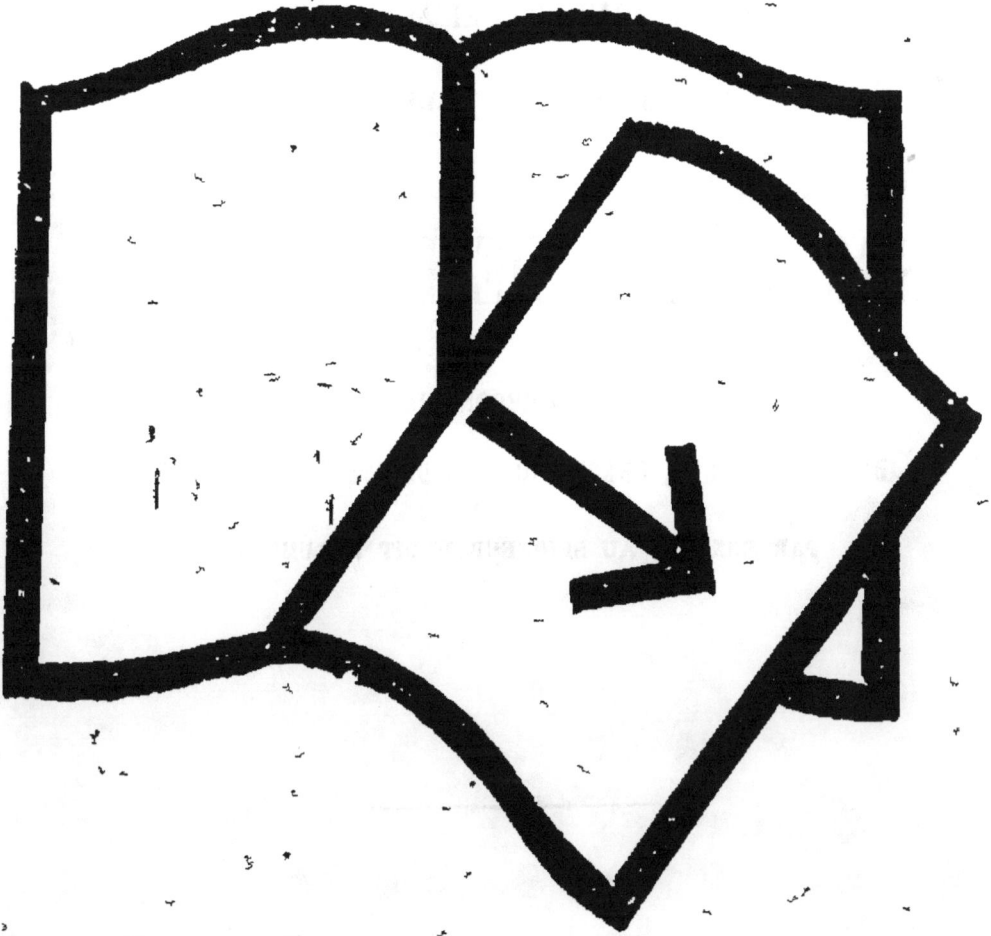

Couvertures supérieure et inférieure
manquantes

TITRES

CONCERNANT LES FRANCHISES ET AFFRANCHISSEMENTS

DES SUJETS ET HABITANTS

DE LA

SEIGNEURIE DE RÉAUMONT

ENSEMBLE LES RECONNAISSANCES

DES REDEVANCES, PRESTATIONS ET DROITS SEIGNEURIAUX

PAR EUX DUS AU SEIGNEUR DUDIT RÉAUMONT.

BESANÇON,

BONNET, LIBRAIRE,

Palais Granvelle.

1866.

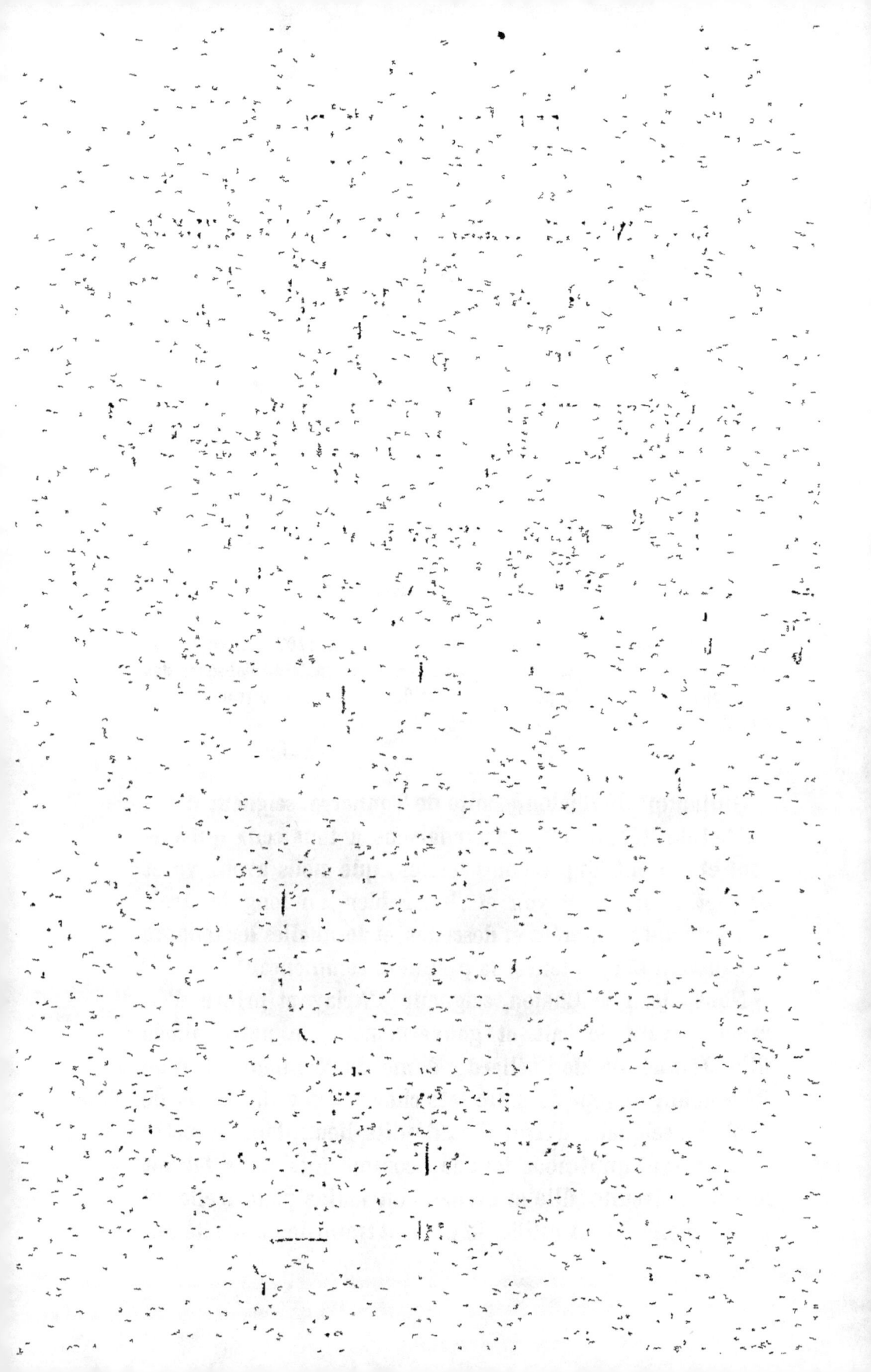

TITRES

CONCERNANT LES FRANCHISES ET AFFRANCHISSEMENTS
DES SUJETS ET HABITANTS

DE LA

SEIGNEURIE DE RÉAUMONT,

ENSEMBLE LES RECONNAISSANCES
DES REDEVANCES, PRESTATIONS ET DROITS SEIGNEURIAUX
PAR EUX DUS AU SEIGNEUR DUDIT RÉAUMONT.

N. B. Ces documents ont été transcrits en entier sur un registre, aujourd'hui détruit, des actes publics de la justice et châtellenie de Réaumont, commencé le 2 mars 1697 et fini en 1703. La copie que nous reproduisons est fautive en certains points : mais en l'absence des originaux, il n'a pas été possible de rectifier les erreurs de transcription que l'on y remarque.

Guillaume de Chalon, comte de Tonnerre, seigneur d'Arguel et de Réaulmont, sçavoir faisons à tous ceux qui verront et ouïront les présentes lettres, que nous avons vu et de mot à mot fait voir et visiter bien au long les trois lettres ci-après insérées et descrites, et desquelles les teneurs s'ensuivent et sont telles, la première commençant :

Nous, Jean de Chalon, seigneur d'Arlay et prince d'Orange, ayant le bail et gouvernement de notre aimée fille Jeanne de Montbéliard, dame de Montfaulcon et de Réaulmont, femme de notre très cher et aimé fils Louis de Chalon, seigneur d'Arguel et desdits lieux, tant en notre nom partant qu'il nous touche, comme aussi nous faisant fort de notredite fille et prenant en mains pour icelle, et par laquelle feront ratifier le présent traité de l'autorité du dit Louis, son mari, sçavoir faisons à tous présents et à venir qui les présentes verront, etc. :— que, comme débat fut meü entre nous d'une part et nos sujets les habitans et non habitans de toutes les villes estant en la chastellenie de Réaulmont et chacun d'eux d'autre part, — de et sur ce que nous disions et maintenions que lesdits habitans, sans notre licence et permission, ne pouvoient mettre avec eux héritiers en leurs meix et biens aucune personne, fut homme ou femme, de ladite chastellenie ou venant d'autre part, et aussi que quand restoient ensemble et ils se désistoient les uns des autres, ils ne se pouvoient remettre ensemble pour hériter les uns des autres sans notre licence, et ainsi que ceux que nous devoient la cense de dix-huit bons deniers de cense par an pour leur meix, c'est à sçavoir ceux qui n'avoient point de bestes trahans que se mettoient ensemble, supposé que ce fut notre licence, avec autres habitans en ladite chastellenie ayant bestes trahans, nous devoient encore ladite cense de dix-huit deniers ; lesdits habitans disant le contraire par plusieurs raisons qu'ils proposoient; toutefois, après certaines informations que nous avons sur ce fait faire, fut traité et accordé entre nous, ès noms que dessus, en la manière que s'ensuit.

C'est à sçavoir que nosdits sujets pourront mettre demeurer avec eux pour héritiers ensemble, ceux que bon leur semblera estant de loyal mariage, soient de ladite chastellenie de Réaulmont ou dehors d'icelle, pourvu toutes fois que ceux qui viendront de dehors seront tenus de eux obliger et cautionner suffisamment de faire résidence et estaige pour eux et leurs hoirs dessus dits à nous et à nos successeurs seigneur et dame dudit Réaulmont en ladite chastellenie tant comme ils vivront, et de eux ne avouher pas autre seigneur ou dame que les seigneur ou dame dudit Réaulmont, dont se louherons lettres de notaire que seront registrées aux papiers de la cour dudit Réaulmont, et aussi que ceux que départiront d'ensemble se pourront remettre sans notre licence, c'est à sçavoir, père, fils, frères et sœurs et les enfants des frères et sœurs, et s'ils faisoient le contre des choses dessus dites, ceux que les feront nous seront amendables arbitrairement.

Et quant est des censes, nous avons accordé et accordons à ceux que nous devront ladite cense de dix-huit deniers par la même que dessus, qui se mettront avec autres ayant bestes trahans, ne nous devront plus ladite cense de dix-huit deniers parmi ce qu'ils nous payeront pour lesdites bestes trahans qu'ils auront, c'est à sçavoir ceux et ceux qu'ils sèmeront, douze bons deniers, une émine de froment et une émine d'avoine, s'ils sèment froment, et s'ils ne sèment froment, lesdits douze bons deniers et une émine avoine, et pour ce que les receveurs ne puissent commettre fraude en temps aucuns, lesdits receveurs, chacunes fois voudront rendre compte, porteront certificats du châtelain de Réaulmont de ceux qui seront mis ensemble et qui devront ladite cense de dix-huit deniers, afin que, pour cette année qu'ils seront mis ensemble, ils soient quittes desdits dix-huit deniers, et que les receveurs comptent la cense pour les bestes, laquelle est plus grande que celle desdits dix-huit deniers, et pour ces choses descrites, lesdits habitans nous ont donné la somme de quarante francs qu'ils ont baillée audit Louis notre fils; lesquelles choses descrites et chacune icelle nous avons promis et promettons par les présentes, par notre foi et serment et sous l'obligation de tous nos biens, tenir et garder fermement et perpétuellement, sans venir ni souffrir venir au contre en aucune manière. En témoignage de ce, nous avons fait mettre notre scel à ces présentes lettres, données à Vuillafans le cinquième jour de juillet de l'an de grâce mil quatre cent et quinze. Ainsi signé: P. Boudin.

La seconde commençant :

Nous Louis de Chalon, seigneur d'Arguel et de Montfaulcon, et Jeanne de Montbéliard, dame desdits lieux, sa
femme, font à sçavoir à tous : Ledit Louis, de l'autorité de
notre très cher seigneur et père messire Jean de Chalon,
seigneur d'Arlay et prince d'Orange, et nous ladite Jeanne,
de l'autorité dudit Louis, notre seigneur et mary, à ce présent, sçavoir faisons à tous que nous, pour nous, nos hoirs,
nous sommes consentis et consentons par les présentes aux
choses contenues et déclarées ès lettres esquelles ces présentes
sont annexées, et icelles avons louhées, confirmées, ratifiées
et approuvées, et par ces mêmes présentes louhons, confirmons, ratifions et approuvons et promettons en bonne foi,
pour nous et nosdits hoirs, soubs l'obligation de tous nos
biens, de jamais nous aller ne venir au contre de ce notre
présent, consenti ne consentir que autre y vienne en aucune
manière. En témoignage de ce, nous avons fait mettre nos
sceaux à ces présentes lettres, données à Nozeroy le quatorzième jour de juillet de l'an mil quatre cent quinze.
Ainsi signé par mesdits seigneur et dame. P. Boudin.

La troisième lettre commence :

Nous Louis de Chalon, prince d'Orange, comte de Ge-
nesve, seigneur d'Arlay et de Réaulmont, sçavoir faisons à
tous que comme de bonne mémoire fut monsieur Jean de
Chalon, notre très cher seigneur et père, es nom ensemble
de notre très chère et bien-aimée compagne Jeanne de Montbéliard, ayt fait certain don et octroi à nos sujets habitans
de la chastellenie de Réaulmont, comme apparoît par certaines lettres esquelles les présentes sont attachées et annexées, nous tout le contenu desdites lettres de rechef louhons, attestons et approuvons, et en outre déclarons lesdits
habitans non estre mainmortables pour succéder l'un à

l'autre comme franches gens mainmortables, et aussi disons
et déclarons lesdits habitans nous payeront les fourgs estant
en ladite chastellenie de Réaulmont, aussi de leurs tailles
et censes, tous par la forme et manière accoutumée du temps
passé et ce parmi trente florins d'or que nous avons eus et
reçus desdits habitans; promettons en bonne foi et faisant
fort de notre dite très aimée et chère compagne, pour nous,
nos hoirs et ayants cause, de nous tenir, garder fermement
et perpétuellement esdits habitans toutes les choses dessus
escrites ; nous avons mis, en cas d'absence de notre grand
scel, notre petit scel à ces présentes lettres, ensemble de notre
signet manuel, que furent faites et données au lieu de Vuillafans, le vingt-cinquième jour du mois d'octobre l'an mil
quatre cent et vingt, présents noble messire Jean de Vau-
drey, seigneur de Coulaou, Henri de Doubs, seigneur de
Four, Jean de Chissey, chevalier, et plusieurs autres tesmoins
à ce appellés et requis. Ainsi signé Jean de Chalon, et aussi
signé, du commandement de monsieur le prince, Antoine
Vincent.

Ainsi est que nous veuillons ensuite et que par notre
dit seigneur père que dessus et par notre dite dame, et
même a esté fait pour nous, nos hoirs, successeurs et ayants
cause de nous, à la supplication et requeste de nos hommes
et sujets et gens et habitans en notre chastellenie de Réaulmont, territoire et seigneurie dudit Réaulmont, avons louhé,
ratifié, approuvé, confirmé et agréons par ces présentes
lettres ci-dessus transcrites, tous selon leur forme et teneur,
pour et au profit desdits habitans, de leurs hoirs et successeurs et que tout le contenu desdites lettres par cestes nos
présentes leur soient et demeurent pour eux et leurs hoirs
successeurs de telle et semblable vallent force et efficace
comme si par nous leur estoit octroyé et accordé de
nouvel tout le contenu en icelles lettres; voulons et oc-

troyons auxdits habitans, pour eux et leursdits hoirs et successeurs, que un résumé des présentes fait soubs notre scel ou autre scel authentique leur vaille original, promettans en bonne foi, pour nous et nosdits successeurs et ayants cause, de nous et par notredit serment pour ce donné et touché corporellement sur les saintes Evangiles de Dieu, de notre dit présent octroy, consentement confirmatif et tout le contenu esdites lettres, auxdits habitans et à leurs successeurs, tenir, garder et observer fermement et perpétuellement, sans corrompre et sans jamais aller ni venir au contraire, ni consentir autre y aller, ni venir visiblement et en reprise; mandons et commandons par ces nos présentes lettres à tous nos justiciers et officiers présents et à venir, que lesdits habitans, leurs hoirs et successeurs, fassent, laissent et souffrent jouir et user de tout le contenu esdites lettres ci-dessus escrites et par nous de nouveau à eux octroyées, sans leur donner ni souffrir estre donné aucun trouble, estorbie ni empêchement, car ainsi nous plaît, et tel leur avons octroyé et octroyons par ces présentes lettres, et pour celui notre présent octroy et consentément; pour plusieurs autres choses que iceux habitans affaire avec nous pour plus grand et évident profit dont ils ont eu accord avec nous, nous avons eu et reçu desdits habitans la somme de cent florins d'or, iceux cent florins d'or nous tenons pour content et bien payé du tout en tout, et les en quittons par ces nos mêmes présentes. En témoignage de vérité des choses dessus dites et pour ce elles aient force et vigueur perpétuellement, nous avons fait mettre notre petit scel en l'absence de notre grand scel, en pendant à ces présentes lettres, données à la Rivière le quatorzième jour du mois de février, en l'an de notre Seigneur courant mil quatre cent quarante-sept; présent à ce faire noble homme Jean de Rye, Philibert de Viennois, escuyer, messire Pierre de Bannans, de la Rivière, prêtre, Jacques Morand, serviteur de notredit seigneur et prince, Pierre Bouvart, de honneste père, Louis de Molprez, escuyer, et plusieurs autres tesmoins et spécialement appellés et requis. Ainsi signé : de Nozeroy et Bouvart, et scellé d'un sceau en cire rouge pendant à queue, auxquelles lettres sont annexées autres lettres escrites en parchemin dont la teneur suit :

Je, Estienne de Falletans, escuyer, seigneur de Réaulmont et de Genevrey, fais sçavoir à tous présents et à venir que, veu par moi et bien entendu le contenu en trois lettres transcrites auxquelles les présentes sont attachées soubs mon scel, faisant mention de divers points et articles octroyés et accordés par mes prédécesseurs seigneurs de Réaulmont, les contenus desdites trois lettres à la supplication et requeste desdits habitans mes hommes et sujets, agrée, ratifie, confirme, consent et approuve, et par les présentes agréées, ratifiées, confirmées, consens et accorde pour par icelles habitans et leurs successeurs jouir et user à toujours desdits octroy et accord selon leur forme et teneur, promettant je ledit seigneur de Réaulmont, pour moi, mesdits successeurs, en bonne foi, soubs l'obligation de tous mes biens, avoir et tenir à toujours ferme, stable et agréable, par octroy et accord, consentement, ratifications dont ci-dessus est escrit et est fait mention, sans jamais faire, dire, ni aller au contraire en quelque manière ni pour quelque cause que ce soit. En témoignage de ce, j'ai fait mettre mondit scel armoyé de mes armes à ces mêmes présentes lettres, signées de ma main le dix-neuvième de septembre l'an mil quatre cent quatre vingt-quatre. Ainsi signé Estienne de Falletans; par ordonnance de mondit seigneur, Philibert, et scellé du petit scel en cire verte.

Copie des titres contenant les franchises des sujets de la seigneurie
de Réaumont.

Nous, official de la cour de Besançon, sçavoir faisons à
tous, que comme débat, différend et matière de question
furent meûs et en apparence de mouvoir plus grande,
entre noble seigneur Estienne de Falletans, escuyer et seigneur de Réaulmont d'une part, et les habitans de la terre
et seigneurie dudit Réaulmont, hommes sujets dudit seigneur, d'autre part, au fait et pour raison de ce que ledit
seigneur disoit et prétendoit lesdits habitans à lui cour-
voyables et devoir faire courvée pour mener et charroyer
bled, vin et autres denrées, pour porter lettres et faire autres
courvées raisonnables qu'il plaisoit audit seigneur, le tout
aux missions et dépens desdits habitans, sauf et réservé que
ledit seigneur estoit tenu de bailler en faisant lesdites courvées, quand elles se faisoient dans ladite seigneurie, un lo-
pin de pain, et si elles se faisoient hors de ladite seigneurie,
estoit tenu de payer leurs dépens; disoit en outre ledit seigneur que lesdits habitans et chacun devoient pour une chacune beste trahante à la charrue, soit bœufs, vaches ou
chevaux, à la saison que l'on sème les froments, une émine
de froment, et pour chacune beste trahante à la charrue, à
la saison et au temps de caresme, une émine avenne,
le tout mesure du grenier dudit Réaulmont, payable
ledit bled audit seigneur ou à son receveur au temps
de la Saint-Martin d'hiver, ensemble et avec six deniers
estevenans aussi par chacune beste trahante, et ceux desdits
habitans qui n'auroient aucune beste trahante en la saison
des voyins et qui ne sèment froment ne payeroient aucune
quantité de froment, et au regard de ceux desdits habitans
qui n'ont et ne tenoient en leur hostel aucunes bestes tra-

hantes en l'une des saisons susdites, devoient à chacune
d'eux à leur seigneur dix-huit deniers estevenans payables
un chacun an, au terme que dessus, et des droits et choses
descrites en chacun dit avoir joui les seigneurs et aussi
messieurs les prédécesseurs seigneurs dudit Réaulmont par
tel et d'un temps qu'il n'estoit mémoire du commencement
et du contre; lesdits habitans disant au contraire, à
sçavoir que ceux de leurs prédécessseurs habitans en
ladite seigneurie estoient et avoient été de tous temps et
ancienneté franches gens et de franche condition, en telle
manière qu'ils pouvoient et devoient, peuvent et doivent
succéder les uns aux autres par eux ou hoirs, et qu'ils ne
fussent demeurans en biens communs, vendre et aliéner et
transporter et faire tous autres actes pareillement et ainsi
que franches gens peuvent et doivent faire, sans qu'ils doivent ni soient eux tenus faire pour ledit seigneur ne autre
aucunes courvées fussent de leurs personnes, de leurs bestes
ni autrement, parmi payant seulement de trois ans en trois
ans audit seigneur ou à son receveur audit Réaulmont, deux
cent dix francs, que l'on appelle la prinsse, laquelle somme
se égale entre eux, et en années esquelles ils ne payent ladite prinsse, doivent lesdits habitans seulement pour leurs
bestes trahantes et labourantes ès saisons de voyin et de caresme, une émine froment et une émine avenue et aussi
douze deniers estevenants payables au terme et à la mesure
que dessus, et ceux qui ne sèment froment ne doivent que
l'avenne, et ceux qui n'auront bestes trahantes en aucunes
saisons susdites et qui ne sèmeront rien, doivent et seront
tenus payer audit seigneur ou à son receveur dix-huit deniers audit terme de Saint-Martin d'hiver. Item un chacun
feug ou mesnage où il y a homme, doit chacun an, terme
de la Magdelaine, seize engrongnes pour une rente ou cense
appellée le soipteur. Item aussi les censes et rentes des

fourgs, les dixmes de bleds et d'agneaux et de laine en la
manière sur ce accoutumée, et au demeurant sont lesdits
habitans envers ledit seigneur, francs, quittes et exempts
et desdites franchises et libertés avoient et ont deu jouir
et user lesdits habitans et leurs prédécesseurs par tel et si
longtemps qu'ils n'aient mémoire du commencement ni du
contre; et aussi disoient lesdits habitans, des choses susdites
ou de la plupart d'icelles apparoît par lettres de franchises et
déclarations faites, données, louhées et passées par forme
de bonne et recommandée mémoire messire Jean de Chalon,
jadis prince d'Orange et seigneur d'Arlay, alors ayant le
bail du gouvernement de dame Jeanne de Montbéliard,
dame de Montfaulcon et dudit Réaulmont, dattées du cinquième de juillet de l'an mil quatre cent et quinze, et depuis par autres lettres reconfirmatives de messire Louis de
Chalon et de ladite dame Jeanne de Montbéliard sa femme,
dattées du quatorzième jour de juillet l'an que dessus mil
quatre cent et quinze. Item par autres lettres faites, louhées et passées par ledit messire Louis de Chalon , lors seigneur dudit Réaulmont, contenant et déclarant lesdits habitans de Réaulmont estre de franche condition, dattées du
cinquième jour d'octobre de l'an mil quatre cent et vingt;
comme aussi par autres lettres reconfirmatives de toutes les
choses dessus dites, faites, louhées et passées par feu messire
Guillaume de Chalon, successeur et héritier en cette part
desdits furent messire Louis et dame de Montbéliard, dattées
du quatorzième jour de février l'an mil quatre cent quarante-sept, toutes lesquelles lettres dessus déclarées selon
leurs points et articles avoient esté reconfirmées par ledit
à présent seigneur dudit Réaulmont, comme il apparaissoit
par lettres de ratifications et approbations sur ce faites, dattées du dix-neuvième jour du mois de septembre l'an mil
quatre cent quatre-vingt-et-un, en promettant ledit seigneur

par icelles lettres les dessus dits habitans tenir et entretenir
en leurs franchises et libertés, selon le contenu en icelles
lettres et ainsi qu'il avait esté auparavant ledit consentement ; et par ainsi disoient lesdits habitans ledit seigneur ne
devoit quereller ni demander aucune chose des courvées et
censes des bestes, en outre celle des susdits à plain déclarées
esdites lettres, et s'il avoit été trouvé que lesdits habitans ou
aucuns d'eux eussent fait aucune courvée fussent de charroyer
de leurs personnes ou autrement, ce avoit esté de grâce spéciale et de leurs pleines volontés, sans qu'ils y fussent ny
soient aucunement entenus, et avec ce disoient lesdits habitans
que s'ils ont aucuns d'eux avoué aucune fois payer lesdites
censes de bestes plus une mesure froment et une mesure
d'avenne, que en ce ils avoient estés trompés et déceus, et
l'auroient fait par erreur comme non avertis desdites franchises, et ainsi que ledit seigneur avoit esté en autre chose
déceu infiniment en ce que un chacun habitant ne payoit
que six deniers et il en doit douze, laquelle il supplioit audit seigneur estre corrigé et ès points de leurs franchises
estre entretenu et maintenu comme estre devoit se faire
se devoit, et aussi selon que promis l'avoit ledit seigneur ;
icelui sieur disant et répliquant plusieurs choses au contraire.

Finalement, pour bien de paix, nourrir amour et dilec-
tion entre ledit seigneur et habitans et éviter toutes rigueurs,
procès et différends qui entre eux se pourroient ensuivre, et
aussi venir par lesdites parties les dessus dites lettres d'une
part et d'autre en conseil sur icelle personnellement établi, et à ce spécialement venant ledit seigneur d'une part et
Jacquot Perrin, Vuillemin Receveur, Simon Receveur, Jean
Cheval le jeune, habitans de ladite terre et seigneurie de
Réaulmont, tant en leurs noms comme pour et ès noms et
eux faisans forts de tous autres habitans de ladite seigneurie

de Réaulmont et de leurs dits successeurs, et promettans
pour iceux habitants et chacun d'eux faire ratifier le contenu ès présentes lettres toutes et quantes fois que duement
requis en seront d'autorité, lesquelles parties et chacune d'elles en droit soy et des dessus dits débats et différends, traité, transigé et accordé, traitent, transigent et accordent, en la manière que s'ensuit, c'est à sçavoir est que
doresnavant lesdits habitans demeureront ainsi francs et de
franche condition qu'il est contenu ès lettres de franchises
ci-devant déclarées, faites et données auxdits habitants par
lesdits messires Jean et Louis de Chalon, en payant doresnavant audit seigneur et à sesdits hoirs et successeurs, de
trois ans l'un, lesdits deux cent dix francs en la manière sur
ce d'ancienneté accoutumée, et en chacune des autres années esquelles n'écherra ladite somme que l'on nomme la
prinsse, par chacuns desdits habitans ayant bestes trahantes
à la charrue et chacun deux émines, faisant des susdites
une émine froment et une émine avenne, mesure que dessus, et douze deniers estevenans. Item ceux qui n'auront
aucunes bestes trahantes payeront dix-huit deniers, le tout
au terme de Saint-Martin d'hiver. Item payeront aussi chacun habitant au terme de la Magdelaine seize engrongnes,
et aussi les censes et rentes des fourgs, dixme de bled,
laine et d'agneaux, le tout selon et par la forme et manière
contenues ès dessus dites lettres et franchises; et moyennant
les choses dessus dites, demeurent les dessus dits habitans,
pour eux et leurs dits successeurs, aussi francs que dit est et
exempts de toutes courvées, charrois et autres, excepté qu'ils
seront tenus de charroyer en la manière accoustumée bois
pour chauffer ledit seigneur et ses hoirs et leurs femmes et
enfants ou aucuns d'eux feront leur résidence personnelle
audit Réaulmont. Item seront tenus de contribuer ès quatre
cas qu'est gardé, réparation et emparement en la place du-

dit Réaulmont, comme ils ont accoutumé faire et qu'ils ont
fait d'ancienneté, et pour lesdits cas dessus dits frais faits
par ledit seigneur, iceux habitants ont donné et donnent
pour une fois audit seigneur iceux la somme de deux cents
florins d'or de vin, laquelle somme icelui seigneur a connu
et confessé avoir eue et reçue desdits habitans, et les en a
quittés et quitte par les présentes, pour eux et leurs hoirs,
successeurs et ayants cause; lesquels traités, transactions,
accords, compositions, concessions et autres choses ci-devant déclarées par lesdites parties et chacune d'elles en
droit soy, leurs hoirs, successeurs et ayants cause, seigneur
et habitans de ladite seigneurie de Réaulmont, ont promis et
promettent tenir et entretenir, garder et accomplir fermement et inviolablement observer, sans iceux aller ni venir
au contre, ni consentir qu'autre y vienne par fait ni parole,
tacitement, expressément, visiblement, et en appert par
leurs serments par elles prestés, chacune d'elles en droit
soy donné et touché corporellement aux saintes Evangiles de
Dieu, ès mains de Guillaume Prenot, d'Ornans, demeurant à
Besançon, notaire en ladite cour, et tabellion général en
Bourgogne, Jean Brun, aussi notaire de notredite cour de
Besançon, solennelle et légitime stipulation sur ce entre-
venus et soubs l'expresse hypothèque et obligation de tous
et singuliers leurs biens meubles et immeubles et non-
meubles, présents et à venir, quelconques, et de leursdits
hoirs, lesquelles quant à ce lesdites parties chacune d'elles
en droit soy et pour elles et leursdits hoirs, ont soubmis,
hypothéqué et obligé, soubmettent, hypothèquent et obli-
gent par elles en et soubs l'une et l'autre de nos cours et
juridiction et contrainte de celles du comté de Bourgogne
et de toutes autres, ecclésiastiques et séculières, pour par
icelles et chacune d'elles, l'une non cessant pour l'autre,
estre contraintes et compellées quant à l'entretenement des

choses dessus dites pour l'une chacune d'icelles pour l'une
des parties, non fait entretenement et accomplie, et l'autre
à l'autre mêmement et par spécialité, par sentence d'excommuniement, de prinse, saisie, barre, vendue et arrest à tous
et singuliers leurs biens qu'il est accoustumé faire et par
vertu du privilége et aussi par toutes autres voyes et même de
contraintes dues et raisonnables, renonçant lesdites parties
par chacune d'elles en droit soi, pour elles, leurs hoirs, pour
par leur devant dénommé serment à toutes et singulières
exceptions, décepts, raisons d'offenses et allégations de fait
et de droit et de coustume, à toutes dispenses de serment à
terme, privilége, rappitions, relèvement de papier du roy,
de prince, d'autres impétrez ou à impétrer, à tous vieux
coutumes, franchises et libertés du pays et généralement à
tout ce que l'on pourroit et voudroit dire contre la teneur
de cestes présentes, pour quelconques causes et raisons que ce
soit, et mêmement au droit disant que la générale ne vaut
si la spéciale ne précède ; en témoignage de vérité desquelles choses et d'une chacune d'icelles lesdites parties et
chacune desdites ont prié et requis et fait mettre à ces présentes lettres, lesquelles parties ont voulu et veuillent offres faites
et refaites audit et conseil de sage au profit d'une chacune
desdites parties, les scels de ladite cour de Besançon, dudit
comté de Bourgogne, dont l'un au tabellion d'Ornans et
aussi dudit seigneur de Réaulmont, donnée, louhée et pas-
sée audit Besançon le neuvième jour de décembre de l'an
mil quatre cent quatre-vingt-deux, présent noble seigneur
Henri de Rye, seigneur de Charme, noble homme et sage
messire Henri Gauthyot, licencié ès loix, et de Me Huguenin Berceot, de Vesoult, notaire publique, et Guillaume Si-
monnet, de Berthelange, tesmoins à ce appellés et spécialement requis. Signé N. Brun, E. Prenot, Est. de Falletans, et
scellé des deux sceaux en cire rouge pendant à queue, aux-

quelles lettres sont annexées des autres lettres desquelles la teneur s'ensuit.

Copie du traité fait par le sieur de Falletans, seigneur de la seigneurie de Réaulmont, d'une part, et les sujets de ladite seigneurie d'autre part.

Nous, official de la cour de Besançon, sçavoir faisons à tous que comme débat et différends ..... mouvoir entre noble sieur Estienne de Falletans, seigneur de Réaulmont, d'une part, les habitans de la terre et seigneurie dudit Réaulmont, ses hommes et sujets, d'autre part, à l'occasion de ce que ledit seigneur de Réaulmont se disoit estre deceu par certain traité louhé et passé par lesdites parties au lieu de Besançon le neuvième jour de décembre de l'an mil quatre cent quatre-vingt et deux dernier passé, prétendant aussi le seigneur, lesdits habitans devoir faire courvée sen son moulin de Narbier et iceux habitans estre tenus à payer chacun an pour le droit de soipteur, par teste, au jour de la Magdelaine, seize engrongnes outre les autres droits placés à plain contenus audit traité ; lesdits habitans disoient au contraire et que tant par leurs anciennes franchises que aussi par ledit traité, ledit seigneur n'estoit deceu ni batelli en aucune manière, ainsi estoit par icelui déclaré aucuns points contenus en leurs anciennes franchises qui n'estoient de rien préjudiciables audit seigneur, par lesquelles ils estoient déclarés francs et de franche condition et pour ce non recevables, et que l'article contenu audit traité que chacun habitant doit payer à la Magdelaine chacun an audit seigneur pour le droit de soipteur seize engrongnes, est entendu pour chacun feu, et en tous les autres articles dudit traité où est contenu que un chacun habitant est tenu payer audit seigneur argent ni grains ou autres choses, il se doit entendre

2

par feu et non par teste, autrement seroit sur eux mettre servi-
tude contre leursdites franchises par l'expression desdits ter-
mes et mots obscurs, et plusieurs autres choses proposoient
lesdits habitans que sont esté omises pour éviter le surplus,
prolixité, finalement pour nourrir amour et concorde entre
ledit seigneur et habitans et pour éviter toute rigueur et
procès, et veues par lesdites parties toutes lettres servant à
leurs intentions, délibérations de conseil et sur icelles, par
devant Nicolas Barre, de Vesoul, notaire de notre cour,
maistre juré commandement, tabellion général au comté
de Bourgogne, auquel notredit juré quant à ce et plus
grande chose, nous avons commis et commettons par ces
présentes notre voyer et à qui avons ajouté et ajoutons foy
plainière en cette partie, personnellement établi à ce spécialement venant ledit seigneur de Réaulmont, d'une part,
et Jacques Perrin, de Narbier; Jean Cheval, du Barboux;
Jean, fils de Jean Jeannin, dudit lieu; Estienne, fils de fut
Vuillemain-Tornier, de Noël-Cerneux; Monnot, d'Espenoy;
Jacques Gaume, du Bizot, et Guillaume, de Sur-le-Mont
de Laval, expressément tous eslus et portés ès présentes par
les habitans de ladite terre de Réaulmont, tant en leurs
noms comme pour et aux noms, eux se faisant forts de tous
les autres habitans d'icelle terre et seigneurie dudit Réaulmont, promettans procurer par effet par tous lesdits habitans et chacun d'eux faire ratifier le contenu en ces présentes quand requis en seront; mesmement lesdits fils renonçant à la puissance et autorité de leursdits pères, d'autre
part; lesquelles parties et chacune d'elles en droit soy, sur
les choses dessus dites, sont en ses justices en différend
entre elles, ont traité, transigé et accordé pour la pacifica-
tion d'iceux, pour eux, leurs hoirs, successeurs et ayants
cause au temps à venir, et lesdits présents traitent, transigent et accordent en la manière suivante : Premièrement,

que lesdits habitans de ladite terre et seigneurie dudit Réaulmont feront payer doresnavant audit seigneur et à sesdits hoirs, successeurs et ayants cause, de trois ans en trois ans, la prinsse à sçavoir pour icelle deux cent dix francs en la manière sur ce d'ancienneté accoustumée, et en chacune des autres années esquelles n'écherra ladite somme que l'on nomme la prinsse, payeront par feu chacun desdits habitans ayant bestes trahantes à la charrúe ès deux saisons, et pour lesdites deux saisons, une émine froment et une émine avenne mesure du grenier de Réaulmont, et douze deniers estevenans, et s'il ne sème froment en la saison des voyens ne payera qu'une émine avenne et lesdits douze deniers. Item ceux qui n'auront aucunes bestes trahantes payeront par feu dix-huit deniers, le tout au terme de Saint-Martin d'hyver. Item payera un chacun habitant par feu et non par teste, au terme de la Magdelaine, seize engrongnes pour le droit que s'appelle le soipteur et aussi les censes et rentes des fourgs, tous dixmes accoustumés, et du scel des lettres selon qu'ils ont par le passé ci-devant accoustumé. Et moyennant ces choses dessus dites, les dessus dits habitans, pour eux, leursdits hoirs, successeurs et ayants cause, demeurent francs, quittes et exempts de toutes courvées, charrois, excepté qu'ils seront tenus charroyer en la manière soit accoustumée bois pour chauffer ledit seigneur, ses hoirs et successeurs, quand icelui, leurs femmes et enfants, ou aucun d'eux seigneur et dame dudit Réaulmont, feront résidence actuelle et personnelle au chasteau dudit Réaulmont, ou autrement en la terre d'icelle, et pourront prendre le bois de chauffage au bois banal dudit seigneur audit Réaulmont et ailleurs où bon leur semblera qu'ils le pourront prendre. Item seront tenus lesdits habitans de contribuer aux quatre cas et faire chasse, garde et réparations et même empàrement au temps de retrait coustumier en la place dudit Réaulmont, qu'ils ont accoustumé faire et qu'ils ont fait d'ancienneté, et ne devra recevoir le meunier dudit seigneur aucune personne étrangère non estant de la terre dudit Réaulmont à modre auxdits moulins, tandis que dans iceux aura aucun de ladite terre dudit Réaulmont qui voudra modre et aura graine preste auxdits moulins venant modre en iceux. Et par ainsi ledit seigneur a déclaré et déclare par les présentes lesdits habitans estre franches gens et de franche condition, non mainmortables, et pour succéder les uns aux autres comme franches gens, et avec ce exempts de toutes courvées que de celles avantdites, et promet ledit seigneur faire ratifier et approuver le contenu au traité ci-dessus par haut et puissant prince et seigneur monsieur le prince d'Orange, comme seigneur du fief dudit Réaulmont, et en délivrer les lettres de ratification dudit seigneur ès susdits habitans en forme deue, à ses frais, missions et dépens, avant le jour de la Résurrection de Notre Seigneur prochainement venant, et pour lesdits frais avec la déclaration des susdits, lesdits habitans ont donné et donnent pour une fois la somme de deux cents francs monnoie courante au comté de Bourgogne, laquelle somme ledit seigneur a confessé et confesse par cestes présentes, pour eux, leurs hoirs, successeurs et ayants cause, lesquels traitez, transaction, confection, accord, composition et autres choses devant déclarées, lesdites parties et une chacune d'elles en droit soy pour elles, leursdits hoirs, successeurs et ayants cause, seigneur et habitans de ladite seigneurie de ladite terre de Réaulmont, ont promis et promettent observer, garder, entretenir et garder fermement et inviolablement, sans jamais y contrevenir ne consentir que d'autres viennent au contre, de fait ou paroles, tacitement ou en apparence, par leur serment pour ce par elles et chacune d'elles en droit soy, donné et touché corporellement aux saintes Evangiles de Dieu, ès mains dudit Nicolas Barre, notaire et tabellion dessus nommé, par solemnelle et légitime stipulation sur ce entrevenue, et soubs la générale, expresse hypothèque et obligation de tous et singuliers leurs biens meubles et immeubles présents et à venir, et de leursdits hoirs et successeurs, que lesdites parties pour elles et leursdits hoirs ont soubmis et soubmettent soubs la correction, contraire et direction desdites deux cours de Besançon et dudit comté de Bourgogne, et par toutes et autres ecclésiastiques et séculières, pour par icelle chacune d'elles, l'une cessant pour l'autre, estre contraintes et compellées à l'entretenement des choses dessusdites et d'une chacune d'icelles, mesmement par sentence d'excommuniement, prinsse, barres, vendition et aliénation de tous leurs biens présents et à venir, et par le privilége du scel et par toutes autres voies, contraintes deues et raisonnables, en renonçant à toutes exceptions, droits, raisons, allégations et défenses que contre ces présentes l'on pourroit dire, obmis alléguer ou aucun mettre pour spéciale, et à toutes dispensation de serment, privilége, relèvement de pape, prince ou d'autres impétrez ou à impétrer, à toutes les vieilles franchises et libertés de payer, mesmement au droit de non estre déceu, outre la moitié de juste prix et généralement à tout ce que l'on pourroit dire contre la teneur de ces présentes et au droit que générale renonciation ne vaut si la spéciale ne précède. En tesmoignage de vérité des choses dessus dites, à la féale relation de notre juré, ayons fait mettre le scel de notre dite cour de Besançon, ensemble et avec le scel de Bourgogne duquel l'on use au tabellionage dudit Vesoul et dudit seigneur de Réaulmont avec son seing manuel ici mis. Faites et passées au lieu de Vaivre, le dix-septième jour du mois de décembre l'an mil quatre cent quatre-vingt et cinq. Présent honorable homme monsieur

Claude Pillet, licencié ès loix ; Jean Varron et Jean Chassel le Jeune, dudit Vaivre, tesmoins à ce appellés et spécialement requis. Ainsi signé Est. de Falletans et N. Barre. Grosse pour lesdits habitans de la terre de Réaulmont, et scellé de deux sceaux en cire verte pendant à queue.

Ratification du précédent traité fait par fut et de louable mémoire Jean de Chalon, de son vivant prince d'Orange et seigneur dudit Réaulmont, d'une part, et avec les précédents.

Nous, Jean de Chalon, prince d'Orange, comte de Tonnerre et seigneur d'Arlay, sçavoir faisons à tous présents et à venir que, veues par nous et les gens de notre conseil deux lettres en parchemin dattées à sçavoir, la première du neuvième jour du mois de décembre l'an mil quatre cent quatre-vingt et deux, et les autres du dix-septième jour de décembre de mil quatre cent quatre-vingt et cinq, faites et passées en forme de traité et accord entre Estienne de Falletans, seigneur dudit Réaulmont, d'une part, et les habitans de la terre et seigneurie dudit Réaulmont, ses hommes et sujets, d'autre part, parmy lesquelles lettres sont infinées et ont sur le tout en main (?) ; inclinant favorablement à la requeste desdits seigneur et habitans de Réaulmont, avons, comme seigneur du fief dudit Réaulmont, à cause de notre terre de Montfaulcon, consenti, confirmé, ratifié et approuvé, et par ces présentes consentons, confirmons et ratifions tout l'effet et contenu desdites deux lettres de traité, et icelles en tous leurs points ; avons promis et promettons en parole de prince et soubs notre honneur, pour nous, nos hoirs, successeurs et ayants cause, avoir et tenir à tousjours ferme, stable et agréable, sans y pouvoir contrevenir ne souffrir aller au contre en manière que ce soit. En tesmoignage de ce, nous avons fait mettre notre scel à cesdites présentes, signées de notre nom, ce douzième jour de novembre de l'an mil quatre cent quatre-vingt et six. Ainsi signé: J. de Chalon, et sur ce reply : par monseigneur le prince, E. Vincent, et scellé du scel dudit prince, en cire rouge pendant à queue annonçant lesdites trois lettres.

Nous, Jean Cheval le Jeune, du Barboux; Estienne Tournier, de Noël-Cerneux; Jeannerot Monnot, dudit lieu, tous de la terre de Réaulmont, sçavoir faisons à tous que nous doivons et sommes tenus à nos très redoutés seigneurs messieurs de Berne, la somme de cent francs monnoie courante, chacun franc pour dix-huit gros, monnoie de Savoye, et ce pour certaine composition faite avec eux pour une sauvegarde donnée aux habitans dudit Réaulmont, laquelle somme nous promettons payer au boursier de ladite ville dans le jour de feste saint André, apostre, prochainement venant. Donné le vingt-deuxième d'octobre l'an mil quatre cent octante-huit. Ainsi signé : J. Monnot, E. Tournier et J. Cheval.

Vendage et octroy du bois bannal et ratification des franchises.

Jean de Chalon, prince d'Orange, comte de Tonnerre et de Pontienne, seigneur d'Arlay et de Chastel-Belin, sçavoir faisons à tous présents et à venir que, comme nous ayons présentement racheté et retiré la terre et seigneurie de Réaulmont des mains d'Estienne de Falletans, que longuement l'a tenue, et que pour faire ledit rachat nous sommes sujets aux habitans de ladite terre, nous ayant libéralement donné en et par don la somme de cinq cents francs monnoie courante en ce comté de Bourgogne, et en oultre nous ayant baillé et délivré et ayant receu d'eux réellement et de fait,

outre et avec lesdits-cinq cents francs, la somme de mille
francs autre monnoie. Ainsi est que pour assignat d'iceux
desdits habitans d'icelle somme de mille francs, ayant égard
à l'amour et bonne affection qu'ils ont monstré et donnent à
reconnoistre avoir par effet envers nous, voulons aucunement
récompenser le service que en ce pour ledit rachat ils nous
ont fait, à iceux habitans pour ces causes avons de notre
certaine science, libérale volonté, et car ainsi nous plaît,
octroyé et accordé, et par ces présentes lettres octroyons et
accordons perpétuellement et à tousjoursmais, pour nous et
nos hoirs, aux dessus nommés habitans dudit Réaulmont,
absent le notaire, notre secrétaire souscrit présent, stipulant et aggréablement, et acceptant pour eux et leurs
hoirs et leurs successeurs habitans de ladite seigneurie de Réaulmont, voulans adhérer audit octroy et accord,
leur usage de bois mort en notre bois bannal estant en
icelle terre de Réaulmont, estant auprès et entre ledit chas-
tel et forteresse dudit lieu et le finage et communauté du
Bizot, du long et large qu'il s'extend, pour en jouir et en
faire leur, et chacun en commun et en particulier, ainsi que
bon leur semblera, sans difficultés, moyennant ce chacun
ce qu'ils ne devront ou pourront prendre durant le rachat
qu'ils nous ont donné dudit usage en les remboursant desdits mille francs et des missions raisonnables, aucun bois vif,
pour éviter la destruction des réserves, à un chacun desdits habitans un pied de bois vif par chacun an pendant ce
temps dudit réachat, pour faire son aisance, ainsi que si
aucuns desdits habitants avoient nécessité de bois pour mai-
sonner, ils en prendront et pourront prendre à l'avis des
officiers dudit Réaulmont, et en cas que aucun desdits
habitans ne vouldroient être compris au présent vendage,
les autres pourront relever leur profit. Item au surplus
avons aussi, pour nous et nosdits hoirs, inclinant favorable-

ment à la requeste desdits habitans, confirmé, ratifié et approuvé, confirmons, ratifions et approuvons par ces mêmes présentes, les franchises et libertés d'iceux habitans pour eux et leurs successeurs, données par nous et nos prédécesseurs seigneurs et tènementiers de ladite terre et seigneurie de Réaulmont, en tous leurs points et selon qu'elles ont été faites, louhées et passées au profit et utilité desdits habitans nos sujets, promettant en parole de prince, de bonne foi et soubs l'obligation de nos biens et des biens de nosdits hoirs, entretenir, garder, inviolablement observer les choses susdites et en chacune d'icelles, sans jamais aller ni venir au contre, en renonçant à toutes exceptions et mesmement au droit disant que générale ne vaut si la spéciale ne précède. En tesmoignage de ce nous avons fait mettre notre scel à cesdites présentes, données à Salins le neuvième jour de may l'an mil quatre cent quatre-vingt-dix-sept. Ainsi signé : J de Chalon ; par mondit seigneur le prince, noble homme Guillaume d'Epenoy, seigneur de Maillot, monseigneur Hugues de Cury, Claude Troyes et autres présents, L. Vincent, et scellée en cire rouge du scel dudit seigneur prince, pendant à queue.

Jean de Chalon, prince d'Orange, comte de Tonnerre et Pontienne, seigneur d'Arlay et de Chastel-Belin, à tous ceux que ces présentes lettres verront, salut ; sçavoir faisons que, inclinant à la supplication des habitans nos hommes en notre terre de Réaulmont, lesquels nous ont remonstré que pour la somme de quinze cents francs monnoie qu'ils ont emprunté de maistre Godefroy de Mont, docteur en médecine, laquelle somme ils nous ont fournie pour le réachapt d'icelle terre que vouloit tenir Estienne de Falletans, escuyer, aulcuns desdits habitans diffèrent d'estre compris avec

les autres que sont suppliants en la seuretey faite audit
maistre Godefroy de ladite somme, et néanmoins se vantent
qu'ils auront de nous leurs usages comme eux en notredit
bois dudit Réaulmont, laquelle chose leur seroit de grand
intérest et dommage, nous, sur ce en advis, avons, par délibé-
ration de conseil, promis et promettons en parole de prince
et sur notredit honneur, pour nous et nos hoirs, auxdits
habitans ayant fait comme dit est la seuretey de ladite
somme avant mentionnée, de non accorder aux autres habitans refusans ladite seuretey semblable usage ne autre droit
en iceluy bois durant le temps et terme du réachapt que
nous avons dudit usage, jusqu'à ce qu'ils soient unis et
joints en icelle seuretey à la décharge des susdits supplians,
mandant à nos officiers en ladite terre de les en souffrir
et de les en laisser jouir, comme il soit là notre plaisir est
tel. En tesmoignage de ce, nous avons fait mettre notre scel
à cesdites présentes, données à Sainte-Agne le vingt-qua-
trième jour de may l'an mil quatre cent quatre-vingt et
dix-sept. Ainsi signé : Jean de Chalon, et par ordonnance,
E. Vincent, et scellé du scel dudit sieur prince. Signé Petit.

S'ensuit la teneur de la requeste présentée par Jacques
Petit, tabellion à Réaulmont, à messieurs les premiers maistres auditeurs et gens tenant la chambre des comptes pour
Sa Majesté en Bourgogne, en marge de laquelle est la commission pour procéder à la reconnaissance générale des
droits seigneuriaux, redevances et prestations deues à Sa
Majesté par les habitans de la terre et seigneurie de Réaulmont.

A messieurs les premiers maistres auditeurs et gens tenant la
chambre des comptes pour Sa Majesté en Bourgogne.

Remontre en toute humilité Jacques Petit, tabellion ins-

titué par Sa Majesté en ses terres et seigneurie de Réaulmont, qu'ensuite de l'édit de Sa Majesté publié en ce pays
et comté de Bourgogne, concernant la charge des tabellions
de Sa Majesté, il a fait faire par tous les sujets de ladite
terre reconnaissance et déclaration de tous et quelconques
les héritages par eux tenus, mouvants et dépendants de ladite seigneurie, comme aussi des charges desquelles lesdits
héritages sont affectés et chargés envers Sadite Majesté, selon qu'il conste par son besogné ci-joint, qu'ensuite et conformité dudit édit, il a apporté à ladite chambre, et pour
l'expédition duquel il requiert à vos seigneuries lui faire
taxe, et il priera Dieu pour la prospérité de vos seigneuries,
et si, ferez justice.

Teneur du mandement et de la commission escrite en
marge de ladite requeste : La chambre ayant veu cette requeste et le volume des reconnaissances dressé par le suppliant, lui ordonne de procéder au plus tôt à la reconnaissance générale des droits seigneuriaux, redevances et prestations deues à Sa Majesté par les manants et habitants de
ladite seigneurie de Réaulmont, auxquels ladite chambre
ordonne exhiber et mettre ès mains dudit suppliant les
titres de franchises et autres, contenant lesdites droitures à
eux accordées par les jadis seigneurs de Réaulmont, ou bien
copie d'iceux, pour, suivant lesdites franchises, titres, procéder à ladite reconnaissance en gardant les droits de Sa Majesté, et pour après ledit suppliant sera satisfait de la confection dudit rentier. Fait en ladite chambre séant présentement à la Loye, pour la contagion régnant à Dole, le
seizième de janvier mil cinq cent quatre-vingt-sept, et
signé J. Vinon.

S'ensuit la teneur des reconnaissances générales faites

par les habitants de la seigneurie de Réaulmont des droits seigneuriaux, redevances et prestations annuelles par eux deues à Sa Majesté, ensuite de la commission à moy donnée par messeigneurs les premier et gens tenant la chambre des comptes à Dole, après deues acceptations d'iceux, de laquelle la teneur est insérée en fin du présent volume.

Au lieu du Bizot, le cinquième du mois de février de l'an mil cinq cent quatre-vingt et six, dans la maison et par-devant moy Jacques Petit, dudit lieu, notaire et tabellion particulier pour Sa Majesté en sa seigneurie de Réaulmont, commis à la réception des reconnaissances générales ci-après escrites, selon qu'il appert par madite commission ci-devant insérée escrite, heure d'environ midi dudit jour, se sont présentés et comparus Pierre Poyand, preud'homme et eschevin au village et communauté de Sur-le-Mont-de-Laval, assisté de Pierre Arnoux, Huguenin Lornot, Jacques Pod, François Filsjean et Pierre Mottet, habitants dudit lieu; Claude Guillemin, preud'homme e· ·chevin du village et communauté de la Bosse, assisté de maistre Jacques Chalon, notaire, Guillaume Chalon et Claude Gaume, de ladite Bosse, Andrey Fusier, preud'homme et eschevin du Bélieu et soubs Réaulmont, communautés voisines et jointes ensemble, assisté de Claudot Lambert, Laurent Lornot, Pierre Lornot et Georges Lornot, habitants d'icelles, Jean Rochejean, preud'homme et eschevin du village et communauté de Noël-Cerneux, assisté de maistre Estienne Monnot, dudit lieu, notaire scribe audit Réaulmont, Pierre Monnot et Jean Cheval, habitants dudit lieu, Grandpierre Petit, preud'homme et eschevin au village de la Chenalotte, assisté de Claude Petit, dudit lieu, Claude Cheval la Michié, preud'homme et eschevin au village et communauté du Barboux, assisté de monsieur Pierre Cheval, chastelain dudit Réaulmont, et de Jeantot Roy, dudit

Barboux, Jacques Perrin, preud'homme et eschevin au village et communauté du Narbier, assisté de Jeantot Epenoy et Jeantot Dard, dudit lieu; Guillaumot Guillemin, Besot, preud'hommes et eschevins du Bizot, assistés de maistre Jean Darc, notaire, Claude Perrin; Guillaumot Dard, du Cerneux, Claude Receveur et Guillaumot Gaume, tous dudit lieu, tous lesquels preud'hommes et assistants m'ont dit et déclaré que, suivant l'intimation par moy ci-devant faite de madite commission, ils estoient venus à l'effet d'accomplir le contenu en icelle, conformément au bon vouloir et intention de messieurs les premiers maistres auditeurs et gens de la chambre des comptes pour Sa Majesté en Bourgogne, et à ces fins avoient esté envoyés par les habitants des communautés après avoir du tout conféré et communiqué par ensemble, lesquels et chacun d'eux s'estant constitués en leurs personnes par-devant moy, tant en leurs noms que de tous les autres habitants et sujets de ladite seigneurie , desquels même assurent avoir charge et commission expresse, à l'effet de quoi et se faisant forts de tous, eux ont ensuite, en conformité de leurs titres et affranchissements, par veu donné à entendre de mot à autre, la copie desquels est ci-devant rapportée, comme est publiquement confessé, comme ils connaissent et confessent par cestes estre sujets de Sadite Majesté absente, moy ledit Petit commis susdit, stipulant et acceptant en toute justice, haute, moyenne et basse. Item qu'ils sont tenus et doivent à Sadite Majesté, de trois ans en trois ans, deux cent dix francs pour une prise que Sadite Majesté a sur eux, laquelle somme ils sont tenus payer à Sadite Majesté, son receveur ou amodiateur audit Réaulmont, à chacun jour de feste Saint-Martin, de trois ans l'un, comme dit est, et en chacune des autres deux années èsquelles ne tombe ladite somme, sont tenus de payer un chacun desdits habitants ayant bestes trahantes à la charrue ès deux saisons, qui sont les saisons de caresme et de Saint-Michiel, une émine froment et une émine avenne, mesure du grenier dudit Réaulmont, et douze deniers estevenants, et s'ils ne sèment froment, ne doivent qu'une émine avenne et lesdits douze deniers estevenants. Item sont tenus ceux desdits habitants et sujets n'ayant aucunes bestes trahantes à la charrue, de payer à Sadite Majesté dix-huit deniers estevenants et tout ce que dessus, au terme dudit jour Saint-Martin. Item sont tenus et doivent tous les habitants et sujets tenant feu en et rière ladite seigneurie, chacun an perpétuellement, au terme de jour de feste de Sainte-Marie-Magdelaine, seize engrongnes pour leur courvée appellée soîpteur, réduite à ce par leur susdit affranchissement. Item doivent pour les censes et rentes de leurs fourgs trois bichets quatre émines avenne, le bichet de douze émines, mesure avant dite, laquelle avenne est divisée entre eux et se doit payer à chacun jour de feste de Saint-Martin d'hyver, comme s'ensuit, sçavoir : par les habitants de la Bosse, trois émines; par ceux du Bizot, six émines; par ceux du Narbier, quatre émines; par ceux du Barboux, six émines; par ceux de Noël-Cerneux, six émines; par ceux du Grand-Bélieu, six émines; par ceux du Petit-Bélieu, quatre émines; et quant aux habitants du village et communauté de Sur-le-Mont-de-Laval, sujets de Sadite Majesté, ils doivent pour leurs fourgs d'hyver, au jour de feste Saint-Martin d'hyver, pour chacun mesnage tenant feu ès lieu dudit Sur-le-Mont-de-Laval, trois sols estevenants, et, s'il y a fenne, doivent chacuns deux mesnages au fourg susdit. Item doivent tous lesdits sujets les dixmes de bled et laine à volonté; comme aussi doivent la dixme de leurs agneaux de dix un, à toutes lesquelles dixmes le sieur curé du Bizot participe par moitié avec Sadite Majesté; finalement, ont connu et confessé que tous et quelconques leurs meix et héritages mouvants et dépendants de ladite seigneurie de Réaulmont, sont chargés et affectés envers Sadite Majesté, du droit de lod, seigneurie et retenue en cas d'aliénation, ledit lod estant de douze deniers l'un, lesquels droits seigneuriaux, redevances et prestations prestés par eux, comme dit est devant, les avantnommés commis et ayants charge de tous les autres manants et habitants de ladite seigneurie de Réaulmont et chacun d'eux ès noms et qualités qu'ils agissent, pour eux, leurs hoirs, successeurs et ayants cause, habitants et à habiter en et rière ladite seigneurie, ont promis et promettent par cettes, doresnavant perpétuellement rendre, payer, bailler et délivrer à Sadite Majesté absente, je, ledit Petit, commis et tabellion, présent, stipulant et acceptant pour elle, ou bien à ses receveurs ou amodiateurs audit Réaulmont, le tout suivant et en conformité de leursdits titres et affranchissements, et aux peines y portées et contenues, et selon qu'ils ont fait de toute ancienneté, et ce avec promesse ne faire jamais, proposer, aller ny venir au contre en aucune sorte ni manière que ce soit. En témoignage de vérité desquelles choses, les avantnommés commis et habitants, tant en leurs noms que de tous les autres sujets de ladite seigneurie, ont soubmis, hypothéqué et obligé tous et singuliers leurs biens et ceux de leurs hoirs, meubles et immeubles, présents et à venir quelconques, soubs le privilége du scel de Sadite Majesté, duquel l'on a accoustumé user aux contrats du tabellionné du bailliage de Dole, siége d'Ornans, pour, en vertu d'icelui, estre contraint et compellé à l'entier accomplissement et entretenement de tout ce que dessus, renonçant chacun d'eux à toutes exceptions à ces présentes contraires et au droit réprouvant la générale renonciation si la spéciale ne précède. Fait les mois et jour susdits, présents discrettes personnes messire Maurice Paillet, prestre, chapelain du sieur curé du Bizot, et messire François Cuenin, du Luhier, notaire, témoins à ce par moi appellés et spécialement requis. Signé Petit.

Et quant au bois bannal de ladite seigneurie appartenant à Sa Majesté rière ladite seigneurie et terre, comme est ci-devant escrit et inséré folio xx.

Et au regard des bois particuliers des communautés de ladite seigneurie, de tous et quelconques les mésus qui se commettent, Sa Majesté a pour chacun mésus deuement constaté et aura été reconnu, soixante sols estevenants.

S'ensuit la teneur de la commission du sieur Petit, en vertu de laquelle les présentes reconnaissances ont esté expédiées.

Les premier et gens tenant la chambre des comptes à Dole, pour le roy duc et comte de Bourgogne, notre souverain seigneur, sçavoir faisons avoir receu et veu les supplications et requestes à nous faites par les receveurs de Sa Majesté en la seigneurie de Réaulmont et comté de Bourgogne, contenant que plusieurs parties du domaine de ladite seigneurie, taux de censes, rentes, dixmes, courvées et autres redevances et droits seigneuriaux, ne se payent pour ne pouvoir faire apparoir d'icelles, et que plusieurs entremises se font sur les fourgs, moulins, bois bannaux et droitures compétentes et appartenant à Sadite Majesté, parce qu'il n'y en a aucune reconnaissance, dù moins que l'on sache, et que si aucuns rentiers se retrouvent, ils sont si anciens que par iceux l'on ne peut connoistre les modernes tènementiers des héritages censitifs et de la direction de Sadite Majesté par les confins y déclarés les reconnoistre, pour est re tous trop anciens et y avoir eu changement de tènementiers desdits héritages et des confins d'iceux qu'estoient venus en diverses mains, tellement que la pluspart doivent lesdites censes, droitures et redevances, différent de les

payer et mettoient en ny icelles, ainsi que mesme l'aliénation auroit été faite des meix, maisons, héritages, doivant,
et sur lesquels lesdites redevances estoient assignées, et les
confins d'icelles changés, de manière que difficilement l'on
pourroit recouvrer icelles, que redonde un grand préjudice,
intérests et dommages à Sadite Majesté, et plus seroit si sur
ce n'estoit pourveu de remèdes convenables, requérant
pour obvier à la perdition et diminution desdites redevances et revenus, d'y faire à faire reconnaissances et dres-
ser nouveaux rentiers d'icelui, et à ces causes décerner et
octroyer commission et mandement en forme de terrier en
tel cas pertinent pour ce est, et que par nous considéré ce
que dessus, désirant pourvoir à la conservation du domaine,
droitures et redevances de Sadite Majesté, et augmentation
d'icelles, nous avons, suivant le pouvoir à nous sur ce donné
par elle, commis et député, commettons et députons par
les présentes, Jacques Petit, de Réaulmont, tabellion particulier en ladite seigneurie, pour recevoir les reconnaissances
desdites droitures, censes, rentes et redevances deues à Sadite Majesté rière le district et territoire desdites terre et seigneurie dudit Réaulmont, leurs appartenances et dépendances, et icelles reconnaissances resdiger par escrit en bonne et
deue forme pour valoir et servir à Sadite Majesté, ses hoirs et
successeurs, comte et comtesse dudit comté de Bourgogne,
seigneur dudit Réaulmont, par tant que de raison, auquel
commis de ce faire, circonstances et dépendances, donnons
toute puissance, mandement spécial et autorité à ce perti-
nente et nécessaire, mandant à l'huissier de ladite chambre
ou autres huissiers ou sergents de Sadite Majesté sur ce requis, à requeste des procureurs et receveurs pour Sadite
Majesté en la seigneurie dudit Réaulmont, faire commandement exprès à tous doivans les lesdites rentes, censes,
dixmes, courvées, redevances, droitures, susdits tenants et

possédants maisons, meix, terres, prels, vignes, bois, forests, moulins, fourgs, rivières et autres, iceux chargés et doivants lesdites censes et redevances, et chacun d'eux respectivement, de icelle reconnoistre, déclarer et manifester ensemble des assignaux sur lesquelles elles sont affectées, et assigner par devant commis, en les contraignant à ce par toutes voies et manière de contraintes deues et raisonnables, et en cas d'opposition, refus ou délay, donner et assigner aux parties refusant et délayantes, à estre et comparaistre en ladite chambre, à jour et heure certains et compétents, pour débattre les causes desdites oppositions, refus et délay et autres, icelles par raison, avec intimation deue et certifiée de son exploit; cela fait et donné en ladite chambre, soubs le scel d'icelle, ce dernier de juillet de l'an mil cinq cent octante-six. Ainsi signé : J. Véron, et plus bas J. Petit. Le présent extrait, tiré et collationné sur une expédition faite à Besançon, comme porte le certificat à la suite dudit extrait signé par Guillemet, notaire royal, en date du quatrième jour du mois de juillet mil sept cent et un. Ainsi signé : L. Guillemet, et plus bas est escrit : Contrôlé et scellé à Besançon, le quatre juillet mil sept cent et un; pour l'absence de M. de Sammartin, signé La Cour, etc.

S'ensuivent les actes concernant la prise de possession de la terre, justice et seigneurie de Réaulmont, par messire Claude-François Talbert, conseiller au parlement de Besançon, en qualité de procureur général et spécial de Son Altesse Sérénissime monseigneur François-Louis de Bourbon, prince de Conti, prince du sang, pair de France, prince d'Orange, etc.

Monsieur le juge et chastelain en la terre et seigneurie de Réaulmont et ses dépendances,

Vous remontre messire Claude-François Talbert, conseiller au parlement de Besançon, qu'il est procureur général et spécial de Son Altesse Sérénissime monseigneur François-Louis de Bourbon, prince de Conti, prince du sang, pair de France, prince d'Orange, lequel est propriétaire des terres, seigneuries et domaines dont jouissoit ci-devant défunt Guillaume de Nassau, roy d'Angleterre, en ce comté de Bourgogne, en qualité d'héritier universel du prince Jean-Louis-Charles d'Orléans, duc de Longueville, tant en vertu d'un arrest du grand conseil en date du vingt-huitième mars dernier qu'autres droits et prétentions qu'il entend faire valoir, en conséquence desquels il est permis audit seigneur prince de Conti de prendre la réelle et actuelle possession desdites terres et seigneuries, parmi lesquelles est comprise celle de Réaulmont.

Ce considéré, il vous plaise, Monsieur, voir ladite procuration et arrest, et en conséquence mettre Son Altesse Sérénissime monseigneur François-Louis de Bourbon, prince de Conti, en la réelle et actuelle possession desdites terre et seigneurie de Réaulmont, circonstances et dépendances, aux droits, prérogatives, fruits et revenus en dépendant; ordonner qu'à l'avenir la justice de ladite terre sera rendue et administrée aux vassaux et justiciables d'icelle, au nom de monseigneur le prince de Conti, comme à luy appartenant en la qualité prédite d'héritier universel dudit seigneur Jean-Louis-Charles d'Orléans, duc de Longueville, tant en vertu d'un arrest du grand conseil qu'autres droits et prétentions, et qu'à cet effet les officiers de la dite terre presteront le serment en tel cas accoutumez, à ce que personne n'en ignore, et jusqu'à ce qu'il soit autrement ordonné par Son Altesse Sérénissime, et vous ferez bien. Signé P.-F. Talbert.

Teneur de l'appointement mis en marge de ladite requête.

Fait et communiqué au procureur fiscal ès cette justice, pour y donner sa conclusion. Fait au Barboux le dix-neuf avril mil sept cent et deux, Signé Journot.

Veu par moy, procureur fiscal de la justice et seigneurie de Réaulmont et ses dépendances, la procuration adressée au sieur suppliant par Son Altesse Sérénissime monseigneur le prince de Conti, datée à Paris le dix-neuvième mars dernier, reçue de Meunier et Lange, notaires au Chastelet, l'arrest du grand conseil du vingt-huit du même mois, avec la présente requeste, je consens aux fins d'icelle. Fait le dix-neuf avril mil sept cent deux. Signé Blondeau.

Et depuis, veu par nous, Pierre-Philippe Journot, du Barboux, juge et chastelain de la terre et seigneurie de Réaulmont et dépendances, la présente requeste et les conclusions du procureur fiscal de cette terre, l'arrest du grand conseil du vingt-huit mars dernier, la procuration dressée au sieur suppliant par Son Altesse Sérénissime monseigneur le prince de Conti, reçue de Munier et Lange, notaires à Paris, le vingt-neuf du même mois, nous avons mis et mettons mondit seigneur le prince de Conti, en sa qualité d'héritier universel de monseigneur le prince Jean-Louis-Charles d'Orléans, duc de Longueville, dans la réelle et actuelle possession de cette terre et seigneurie de Réaulmont, circonstances et appartenances, ci-devant possédées par feu Guillaume de Nassau, roy d'Angleterre, pour en jouir aux droits, honneur, fruits, revenus en dépendant, tant en vertu dudit arrest du grand conseil que autres droits et prétentions; ordonnons, en conséquence, que la justice de cette terre sera à l'avenir rendue et administrée au nom de Sadite Altesse Sérénissime monseigneur le prince de Conti, et à cet effet, preste le serment accoustumé, de mesme que le procureur fiscal et greffier de ladite terre, ès mains de mondit sieur de Talbert, conseiller, en ladite qualité; ordonnons que ladite requeste ensemble les arrests et procurations et le présent jugement, seront registrés aux actes importants de cette justice, afin de perpétuelle mémoire, et que personne n'en ignore. Fait au Barboux, le dix-neuf avril mil sept cent et deux. Signé P. Journot, Blondeau et J. Monnot.

Louis, par la grâce de Dieu, roy de France et de Navarre, à tous ceux qui ces présentes verront, salut; sçavoir faisons que, par arrest cejourd'hui rendu en notre grand conseil, sur la requeste présentée en icelui par nostre cher et bien-amé cousin François-Louis de Bourbon, prince de Conti, prince du sang, à ce qu'il plaise à notredit conseil ordonner que les arrests de notredit conseil des vingt novembre mil cinq cent cinquante-trois, vingt-deux juillet mil cinq cent cinquante-six et premier février mil cinq cent cinquante-sept, seront exécutez selon leur forme et teneur, en faisant permettre au suppliant, comme légataire universel de feu sieur Abey d'Orléans, duc de Longueville, de se mettre en possession réelle et actuelle de la principauté d'Orange et des autres biens de Jean de Chalon et de Marie d'Ebeaux, nommés auxdits arrests, ordonner que les fermiers desdits biens et les débiteurs vuideront leurs mains en celles du suppliant, à ce faire contraints par toutes les voyes qu'ils y seront obligés, quoy faisant décharge permettre au suppliant de faire assigner parties en notredit conseil pour voir procéder à la liquidation des fruits dont la restitution est ordonnée par lesdits arrests, aux dommages-intérests et frais, et cependant faire défense aux parties de, pour raison de ce que dessus, circonstances et dépendances, se pourvoir ny faire.

poursuites ailleurs qu'en notredit conseil, à peine de nulli-
tez, cassation de procédure, quinze cents livres d'amende,
dommages, dépens et intérests. Veu par notredit conseil
ladite requeste, lesdits arrests de notredit grand conseil
desdits jour vingtième novembre mil cinq cent cinquante-
trois, vingt-deuxième juillet mil cinq cent cinquante-six et
premier février mil six cent cinquante-sept, copie d'un arrest du parlement de Paris rendu entre le suppliant et notre
chère et bien-amée cousine Marie d'Orléans, duchesse de
Nemours, par lequel la sentence des requestes du palais, à
Paris, du vingt-sixième de juillet mil six cent quatre-vingt
et dix-sept, rendue entre les mesmes parties, portant déli-
vrance en faveur du suppliant du legs universel fait à son
profit par le sieur Abey d'Orléans, a été confirmé du treizième
décembre mil six cent quatre-vingt-dix-huit, et autres pièces
attachées à ladite requeste, icelui notredit grand conseil a
ordonné et ordonne que lesdits arrests d'icelui desdits vingt
novembre mil cinq cent cinquante-trois, vingt-sept juillet
mil six cent cinquante-six et premier février mil six cent
cinquante-sept, seront exécutés selon leur forme et teneur ;
en conséquence, a permis et permet audit suppliant, comme
légataire universel dudit sieur Abey d'Orléans, de se mettre
en possession réelle et actuelle de la principauté d'O-
range et des autres biens de Jean de Chalon et Marie
d'Ebeaux, ordonne que les fermiers et débiteurs vuideront leurs mains en celles du suppliant, à ce faire contraints par les voyes qu'ils y seront obligés, quoy faisant
décharge permet audit suppliant de faire assigner en notredit conseil parties pour procéder à la liquidation des
fruits dont la restitution est ordonnée par lesdits arrests et
au surplus des fins de ladite requeste, est cependant fait
défense aux parties de se pourvoir ny faire poursuites pour
raison de ce que dessus ailleurs qu'en notre grand conseil,

à peine de nullité, cassation de procédure, quinze cents livres d'amende, dommages et intérests. Cy donnons mandement au premier de nos huissiers de notredit conseil, ce qui est exécutoire en notredite cour et hors d'icelle, notredit premier huissier sergent sur ce requis, qu'à la requeste dudit de Bourbon, prince de Conti, le présent ayt à mettre en exécution de point en point, selon sa forme et teneur, nonobstant opposition ou appellation quelconques, pour lesquelles, sans préjudice d'icelles, ne sera différé, et outre faire, pour l'entière exécution des présentes, pour tous exploits et autres actes de justice requis et nécessaires de ne faire, donnons pouvoir sans pour ce demander placet. Donné en notredit conseil, à Paris, le vingt-huitième jour de mars l'an de grâce mil sept cent et deux, et de notre reigne le cinquante-neuvième; collationné gratis. Signé....., Et au ranvers des lettres ci-dessus est escrit : Par le roy, à la relation des gens de son grand conseil. Signé Soustes.

43